Vente L. MARCHAND

Les Mardi 9, Mercredi 10 et Jeudi 11 Mars 1897

A DEUX HEURES PRÉCISES

66, RUE DES ARCHIVES, 66

MODÈLES

POUR

BRONZES ET ÉBÉNISTERIE D'ART

Avec droit de reproduction

PROVENANT

De la Maison L. MARCHAND

Fabricant de bronzes à Paris

EXPOSITION PUBLIQUE

Les Dimanche 7 et Lundi 8 Mars 1897

DE 10 HEURES DU MATIN A 4 HEURES DU SOIR

COMMISSAIRE-PRISEUR

Mᵉ Frédéric LECOCQ

Rue Richer, 41

EXPERTS

M. A. DACHERY	**M. LE MAIRE DEMOUY**
7, Rue des Filles-du-Calvaire	Rue de l'Université, 10

PARIS — 1897

IMPRIMERIE MAULDE et RENOU

—

MAULDE, DOUMENC & Cie

IMPRIMEURS DE LA COMPAGNIE DES COMMISSAIRES-PRISEURS

Rue de Rivoli, 144 — Paris

CATALOGUE

DES

MODÈLES

POUR

BRONZES ET ÉBÉNISTERIE D'ART

Avec droit de reproduction

Groupes, Statuettes, Bustes, Garnitures, Pendules
Candélabres, Girandoles, Bouts de Table
Vases, Bras, Cheminées, Jardinière, Torchère, Flambeaux, Lustres
Lanternes, Vases, Commodes
Bureaux, Tables, Secrétaires, Vitrines, Crédences, Bahuts

PROVENANT

De la Maison L. MARCHAND

Fabricant de bronzes à Paris

DONT LES VENTES AUX ENCHÈRES PUBLIQUES AURONT LIEU

66, RUE DES ARCHIVES, 66

Les Mardi 9, Mercredi 10 et Jeudi 11 Mars 1897

À DEUX HEURES PRÉCISES

COMMISSAIRE-PRISEUR

M° Frédéric LECOCQ

Rue Richer, 41

EXPERTS

M. A. DACHERY	M. LE MAIRE DEMOUY
7, Rue des Filles-du-Calvaire	Rue de l'Université, 10

EXPOSITION PUBLIQUE

Les Dimanche 7 et Lundi 8 Mars 1897

DE 10 HEURES DU MATIN A 4 HEURES DU SOIR

PARIS — 1897

CONDITIONS DE LA VENTE

———

Elle sera faite **au comptant**.

Les Acquéreurs paieront **cinq pour cent** en sus du prix d'adjudication.

Ils seront tenus de prendre la **Fonte brute** existant pour certains modèles, au prix de **2 fr. 50 le kilogramme**.

Le **Poids de fonte** sera indiqué au moment de la mise en vente de ces modèles.

La **livraison** mettant les acquéreurs à même de vérifier l'état des objets vendus, de même que les quantités ou poids énoncés, il ne sera admis aucune réclamation une fois la **livraison opérée**.

———

TABLE

———

MAULDE, DOUMENC et Cie, imprimeurs de la Cie des Commissaires-Priseurs,
rue de Rivoli, 144   6oo—61516

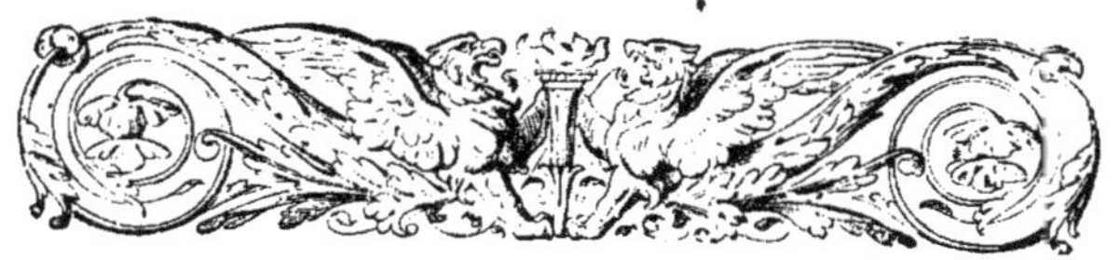

DÉSIGNATION

GROUPES, STATUETTES, BUSTES

1 — **Enfant endormi.**

Par Pigalle.

2 — Groupe **Faune et Faunesse.**

Par Clodion.

3 — **Centaure et Bacchante,** nᵒ 1.

4 — **Centaure et Bacchante,** nᵒ 2.

Par Le Duc.

5 — **Bacchantes et Enfants,** nᵒ 1.

6 — **Bacchantes et Enfants,** nᵒ 2.

D'après une terre cuite de Clodion.

7 — **Enfant à la cage.**

Par Pigalle.
Musée du Louvre.

8 — **Enfant à l'écrevisse,** nᵒ 1.

9 — **Enfant à l'écrevisse,** nᵒ 2.

>Attribué à Pigalle.
>
>Fondu sur ancien.

10 — Buste de **Philippe Lebon,** inventeur du gaz.

11 — Groupe **Deux Chevaux de selle.**

>Par le Marquis du Crozet.

GARNITURES ET PENDULES

12 — Pendule **Renaissance** et Bouts-de-Table à 2 lumières.

>Par Germain.

13 — Petite Pendule **Louis XIV,** tête d'Hercule.

>Fondu sur ancien.

14 — Pendule **Louis XIV,** Renommée.

>Fondu sur ancien.

15 — Petite Pendule **Louis XV,** Rhinocéros.

>Fondu sur ancien.

16 — Pendule **Louis XV,** Enlèvement d'Europe.

>Garde-Meuble.

17 — Pendule **Louis XV,** Chameau.

>Par Caffieri.
>Ministère de la Guerre.

18 — Pendule **Louis XVI**, cadrans tournants, n° 1.

19 — Pendule **Louis XVI**, cadrans tournants, n° 2.

Original vente Hamilton.

20 — Pendule **Louis XVI**, Faunes, à cors de chasse.

Garde-Meuble.

21 — Pendule **Louis XVI**, deux Enfants écho.

Fondu sur ancien.

22 — Pendule **Louis XVI**, Fidélité.

Château de Versailles.

23 — Pendule **Louis XVI**, petite Colonne avec sphère.

Fondu sur ancien.

24 — Pendule **Louis XVI**, n° 1.

25 — Pendule **Louis XVI**, n° 2.

Arrangement d'après Forty.

26 — Pendule **Louis XVI**, n° 1.

27 — Pendule **Louis XVI**, n° 2.

Copie du Palais de Madrid.

28 — Pendule **Louis XVI**, n° 1, Coqs.

29 — Pendule **Louis XVI**, n° 2, Coqs.

Par Germain.

30 — Pendule **Louis XVI**, Astronomie.

Palais de Versailles.

31 — Pendule **Louis XVI**, Lyre.

Fondu sur ancien.

32 — Pendule **Louis XVI,** appliques, n° 1.

33 — Pendule **Louis XVI,** appliques, n° 2.
Fondu sur ancien.

34 — Petite Pendule **Louis XVI,** avec Bouts-de-Table.
Fondu sur ancien.

35 — Cartel **Louis XVI,** Coqs, n° 1.

36 — Cartel **Louis XVI,** Coqs, n° 2.
Par GERMAIN.

37 — Cartel **Louis XVI,** Béliers.
Fondu sur ancien.

38 — Cartel **Renaissance.**
Par PIAT.

CANDÉLABRES, GIRANDOLES
BOUTS-DE-TABLE, VASES

39 — Candélabre **Louis XIV,** 6 lumières.
D'après l'ancien.

40 — Candélabre **Louis XV,** à 3 lumières.
D'après CAFFIERI.

41 — Girandoles **Louis XV,** 3 lumières.
Garde-Meuble.

42 — Bouts-de-Table **Louis XV,** 2 lumières.
Fondu sur ancien.

43 — Girandoles **Louis XIV,** 6 lumières, avec cristaux.
Fondu sur ancien.

44 — Girandole **Louis XVI,** n° 1, 4 lumières.

45 — Girandole **Louis XVI,** n° 2, 4 lumières.

46 — Girandole **Louis XVI,** n° 3, 4 lumières.
Fondu sur ancien.

47 — Grand Candélabre **Louis XVI,** à trépied, n° 1.

48 — Grand Candélabre **Louis XVI,** à trépied, n° 2.
Palais de Madrid.

49 — Candélabre **Femmes avec cornets.**
Fondu sur ancien.

50 — Candélabre **Louis XVI,** avec marbre, à 5 lumières,
anses corps d'enfants.
Par Germain.

51 — Candélabre **Louis XVI,** anses Coqs.
Fondu sur ancien.

52 — Candélabre **Bacchantes,** n° 1, à 9 lumières.

53 — Candélabre **Bacchantes.** n° 2, à 9 lumières.
Palais de Madrid.

54 — Candélabre **deux Enfants,** avec cornets, n° 1.

55 — Candélabre **deux Enfants,** avec cornets, n° 2.

56 — Candélabre **deux Enfants,** avec cornets, n° 3.
Clodion.

57 — Candélabre **deux Enfants faunes.**

CLODION.

58 — Candélabre **Louis XVI,** n° 1, pour bouquets et fleurs.

59 — Candélabre **Louis XVI,** n° 2, pour bouquets et fleurs.

Par GERMAIN.

60 — Candélabre Femme **Louis XVI,** du château de Pau, 3 lumières.

Garde-Meuble.

61 — Deux Bouts-de-Table **Louis XVI,** Carquois, à 3 lumières.

Par RAULHAC.

62 — Candélabre **Louis XVI,** Cariatides petites têtes de femmes, 3 lumières.

Par RAULHAC.

63 — Grands Vases **Louis XVI,** avec bouquets de fleurs, à 7 lumières.

Ministère de la Marine.

64 — Vases **Louis XVI,** avec bouquets de fleurs, à 5 lumières.

Réduction du précédent.

BRAS, CHEMINÉE, JARDINIÈRE TORCHÈRE, ETC.

65 — Bras **Louis XIV,** à Enfants.

Garde-Meuble.

66 — Bras **Louis XIV**, 5 lumières.

D'après BÉRAIN.

67 — Bras **Louis XV**, Lyre, pour cristaux.
Fondu sur ancien.

68 — Grand Bras **Louis XV**, 3 lumières.

CAFFIERI.

69 — Grands Bras **Louis XV**, 3 lumières.
Fondu sur ancien.

70 — Bras **Louis XV**, 3 lumières.
Fondu sur ancien.

71 — Bras **Louis XVI**, nº 1, 4 lumières, augmentation
du modèle du Ministère de la Marine.

72 — Bras **Louis XVI**, nº 2, 2 lumières.

Ministère de la Marine.

73 — Bras **Louis XVI**, Cors de chasse, Trianon (arrangé).

74 — Bras **Louis XVI**, 3 lumières, Enfant au cœur.

Garde-Meuble.

75 — Bras **Louis XVI**, 3 lumières, Trianon (arrangé).

76 — Bras **Louis XVI**, 3 lumières.

D'après DELAFOSSE.

77 — Bras **Louis XVI**, Têtes de béliers, 3 lumières.
Fondu sur ancien.

78 — Bras **Louis XVI**, caducé.

Garde-Meuble.

79 — Bras **Louis XVI,** 5 lumières.

> Fontainebleau et Garde-Meuble.

80 — Bras **Louis XVI,** 3 lumières.

> Fontainebleau.

81 — Grand Bras **Louis XVI**, 3 lumières.

> Fontainebleau.

82 — Bras **Louis XVI,** tête de bélier, 3 lumières.

> Fondu sur ancien.

83 — Motifs pour bras **Louis XIV** (Modèle fait pour l'hôtel Grévy).

> Par GERMAIN.

84 — **Modèles divers** pour bras.

85 — Un Côté petit bras **Louis XV**.

86 — Plaque Satyre, à 2 branches, **Louis XIV,** pour bras.

87 — Grand Bras **Renaissance.**

88 — Bras **Louis XVI,** 2 lumières.

> Fondu sur ancien.

89 — Chenet **Louis XV**.

> Fondu sur ancien.

90 — Gros Pied **Louis XV,** pour vase.

> Fondu sur ancien.

91 — Gros Pied **Louis XV,** pour vase.

> Fondu sur ancien.

92 — Chaise **Louis XVI**.

> D'après l'ancien.

93 — Cheminée **Louis XVI,** Motif à l'arc.

Fontainebleau.

94 — Jardinière **Louis XVI**.

Fondu sur ancien.

95 — Grande Torchère **Louis XIV**, avec girandole pour cristaux.

Palais de Versailles.

96 — Trépied Jardinière **Louis XVI**.

Par Piat.

97 — Montures **Japonaises** diverses pour vases.

FLAMBEAUX

98 — Flambeau **Louis XIV**. 3 figures.

Fondu sur ancien.

99 — Flambeau **Louis XIV**, bobèches à pans.

Fondu sur ancien.

100 — Flambeau **Louis XV**, à guirlandes.

Fondu sur ancien.

101 — Grand Flambeau **Louis XV,** à côtes.

Palais de Versailles.

102 — Flambeau **Louis XV,** à côtes.

Fondu sur ancien.

103 — Flambeau **Louis XV,** Saint-Cyr.

Fondu sur ancien.

104 — Grand Flambeau **Louis XV,** riche.
Fondu sur ancien.

105 — Flambeau **Louis XVI,** à guirlandes.
Fondu sur ancien.

106 — Flambeau **Louis XVI,** à guirlandes.
Fondu sur ancien.

107 — Flambeau **Louis XV,** rocaille.
Fondu sur ancien.

108 — Flambeau **Louis XVI,** à perles.
Fondu sur ancien.

109 — Flambeau **Louis XVI,** à côtes.
Fondu sur ancien.

110 — Flambeau **Louis XVI,** Enfant.
Par PIAT.

111 — Flambeau **Louis XVI,** à plateau.
Par PIAT.

112 — Flambeaux **divers.**

LUSTRES ET LANTERNES

113 — Lustre **Louis XIV,** 24 lumières.
Par GERMAIN.

114 — Lustre **Louis XIV,** cristaux.
Fontainebleau.

115 — Lustre **Louis XV,** 16 lumières.

Fontainebleau.

116 — Lustre **Louis XV,** motifs de Caffiéri, 16 lumières.

117 — Lustre **Louis XV,** à 12 lumières, motifs anciens.

118 — Lustre **Louis XV,** à 5 lumières, motifs anciens.

119 — Lustre **Louis XVI,** Cors de chasse, formant 2 lustres.

Éléments de Trianon.

120 — Lustre **Louis XV,** à cristaux et vase cristal, 16 lumières.

Fontainebleau.

121 — Grand Lustre **Louis XVI,** Carquois, 24 lumières.

Par Germain.

122 — Lustre **Louis XVI,** Enfants musiciens, 6, 18 et 24 lumières.

Versailles.

123 — Lustre **Louis XVI,** Vase bleu, 6 lumières.

Éléments anciens.

124 — Lampe **Juive,** 3 grandeurs.

Fondu sur ancien.

125 — Grand Lustre **Flamand,** lumières.

Fondu sur ancien.

126 — Grands Motifs pour lustre **Flamand.**

Par Germain.

127 — Lustre **Louis XIV,** à 8 et 16 lumières.

Garde-Meuble.

128 — Petit Lustre **Flamand.**
Fondu sur ancien.

129 — Lanterne **Louis XIV.**
Versailles.

130 — Lanterne **Louis XV.**
Fondu sur ancien.

131 — Lanterne **Louis XVI.**
Fondu sur ancien.

132 — Divers **Lots.**

VASES

133 — Vase **Louis XIV,** n° 1.

134 — Vase **Louis XIV,** n° 2.

135 — Vase **Louis XIV,** n° 3.
Bérain.
Garde-Meuble.

136 — Vase **Louis XIV,** Têtes d'hommes.
Versailles.

137 — Grand Vase **Louis XIV.**
Fondu sur ancien.

138 — Grand Vase **Roseaux.**
Garde-Meuble.

139 — Vase-**Louis XVI,** Cassolettes.
Collection du Marquis d'Hertford.

140 — Vase **Louis XVI**, Satyre.

> Garde-Meuble.

141 — Cassolette **Têtes femmes**.

> D'après Goutthière.
> Garde-Meuble.

142 — Petit Vase **Louis XVI**.

> Ministère de la Marine.

143 — Petit Vase **Louis XVI**, Bacchus.

> Fondu sur ancien.

144 — Vase **Louis XVI**, têtes de bélier.

> Fondu sur ancien.

145 — Vase **Sirènes**.

> Garde-Meuble.

146 — Vase **Louis XVI**, Enfants tritons, formant bout-
de-table.

> Garde-Meuble.

147 — Vase **Louis XVI**, n° 1, Cygne.

148 — Vase **Louis XVI**, n° 2, Cygne.

> Collection Hamilton.

149 — Grand Vase **Louis XVI**, Béliers.

> Versailles.

150 — Grand Vase **Louis XVI**, Serpents.

> Garde-Meuble.

151 — Vase **Louis XVI**, Draperie.

> Fondu sur ancien.

152 — Cassolette anses **Femmes**.

> Fondu sur ancien.

153 — Amphore **grecque**.

> Par PIAT.

154 — Vase **Enfants**.

> Par CLODION.

155 — Deux Vases surmoulés sur Vases **japonais**.

156 — Vase **grec**.

> Fondu sur ancien.

157 — **Warwick**.

> Louvre.

COMMODES

158 — Commode **Louis XV**, Médaillier du roi.

> Bibliothèque nationale.

159 — Commode **Louis XV**, Enfants et Feuilles de chêne.

> Collection HAMILTON.

160 — Commode **Louis XV**.

> Par CRESSENT.

L'original appartient au marquis d'HERTFORD.

161 — Commode **Louis XV**.

> Collection JONES.

162 — Commode **Régence**.

> Par CAFFIÉRI.

163 — Commode **Louis XVI**, Trophées.

> Fontainebleau.

164 — Commode **Louis XVI,** Marie-Antoinette, médaillon bronze.
Garde-Meuble.

165 — Commode **Louis XVI,** coins arrondis.
Louvre.

166 — Commode **Louis XVI,** Étagère avec glaces.
Musée du Louvre.

167 — Commode **Louis XVI,** laque.
Collection HAMILTON.

168 — Commode **Louis XVI.**
Par CARLIN.
Louvre.

169 — Commode **Louis XVI,** Médaillon oiseaux.
Collection HAMILTON.

170 — Commode **Louis XVI,** Chèvres.
Louvre.

171 — Commode **Louis XVI,** RIESNER, panneau
marqueterie fruits.
Fontainebleau.

172 — Commode **Louis XVI,** guirlandes culots.
Collection HAMILTON.

173 — Commode **Louis XVI,** carrée.
Sur ancien.

174 — **Divers.**
Sur ancien.

BUREAUX

175 — Grand Bureau **Louis XIV** (riche et simplifié).

Aux Archives.

176 — Bureau **Louis XV**.

Ministère de la Marine.

177 — Grand Bureau **Louis XV,** à cylindre.

Riesner.
Garde-Meuble.

178 — Bureau **Louis XV,** cylindre, simplifié.

Riesner.
Garde-Meuble.

179 — Bureau **Louis XV.**

Versailles.

180 — Bureau **Régence.**

Sur ancien.

181 — Bureau **Louis XV,** Chute et pied.

182 — Bureau **Louis XIV.**

Sur ancien.

183 — Bureau **Louis XV,** à cartonniers.

D'après l'ancien.

184 — Bureau **Louis XV,** rognon, avec mouvement.

185 — Bureau **Louis XV,** rognon, avec lumières.

186 — Bureau **Louis XV**, couronné du temps.

Arrangement sur ancien.

187 — Bureau Cylindre **Louis XVI**, Médailllon marqueterie.

Garde-Meuble.

188 — Petit Bureau **Louis XVI**, cylindre.

Sur ancien.

189 — Bureau **Louis XVI**, château de Compiègne.

Maintenant au Garde-Meuble.

190 — Bureau **Louis XVI,** à compartiments, avec casiers, servant aussi à faire une commode.

Au Louvre.

191 — Bonheur-du-Jour **Louis XV**.

D'après l'ancien.

TABLES

192 — Table **Louis XV,** ronde.

Arrangement sur ancien.

193 — Table **Louis XV**. RIESNER.

Garde-Meuble.

194 — Table **Louis XV**, arcades, avec motifs anciens.

195 — Table **Louis XV,** Têtes d'enfants.

196 — Table **Louis XV,** pour salon, motifs anciens.

197 — Table à ouvrage **Louis XV.**

Château de Ferrière.

198 — Table à ouvrage **Louis XVI,** Marie-Antoinette.

Garde-Meuble.

199 — Table **Louis XVI,** montants bleuis, formant 5 tables différentes.

200 — Table **Louis XVI,** ronde.

Copie du modèle du château de Ferrières.

201 — Table **Louis XVI,** réduction du modèle du Garde-Meuble.

SECRÉTAIRES

202 — Secrétaire **Louis XVI,** à damiers.

Garde-Meuble.

203 — Secrétaire **Louis XVI.**

Garde-Meuble.

204 — Secrétaire **Louis XV.**

D'après l'ancien.

205 — Secrétaire **Louis XVI,** plaque Weedgwood, motifs anciens.

206 — Secrétaire **Louis XVI,** modèles anciens.

207 — Grand Cartel **Régence.**

> D'après OPENOR.

208 — Grande Horloge **Louis XV.**

> Aux Arts-et-Métiers.

209 — Grande Horloge **Louis XV.**

> Musée de Metz.

210 — Gaine horloge **Louis XVI.**

> Par CARLIN.
> Au Louvre.

211 — Un Lot de **Suspensions** diverses.

212 — Un Lot de **Branches** diverses pour Lustres et Bras.

VITRINES, CRÉDENCE, BAHUTS

213 — Grande Vitrine **Louis XV,** glace à biseaux, modèles anciens.

214 — Grande Vitrine **Louis XV,** à trois et deux portes.

215 — Grande Crédence **Louis XV** et Vitrine, plaques Weedgwood.

216 — Vitrine **Louis XV,** Têtes d'enfants, composée avec des modèles anciens.

217 — Petite Vitrine **Louis XV,** composée avec des modèles anciens.

218 — Vitrine **Louis XV**, marqueterie, composée avec des modèles anciens.

219 — Vitrine **Louis XVI**, à pans, motifs anciens.

220 — Vitrine **Louis XVI**.

Par Nicolas PETIT.
Appartement privé du Garde-Meuble.

221 — Vitrine **Louis XVI**, cotés ronds, motifs anciens.

222 — Grande Vitrine **Louis XVI**, à deux portes, avec corbeille, motifs anciens.

223 — Vitrine **Louis XVI**, circulaire Weedgwood, motifs anciens.

224 — Bahut **Louis XV**, têtes de béliers marqueterie, motifs anciens.

225 —Bahut **Louis XV**, à une et deux portes, motifs anciens.

226 — Bahut **Louis XV**, à médaillon et cornes bleus, motifs anciens.

227 — Bahut **Louis XVI**, demi-circulaire, motifs anciens.

228 — Bahut **Louis XVI**. cotés creux, marqueterie vase fleurs, motifs anciens.

229 et suivants : les Modèles et Éléments non portés au présent Catalogue.

IMPRIMERIE MAULDE, DOUMENC ET C⁰

144, RUE DE RIVOLI. — PARIS

L. MARCHAND

FABRICANT DE

nzes et Ébénisterie d'Art

66, rue des Archives

PARIS

Paris, le 1er Mars 1897.

J'ai l'honneur de vous informer que je ferai procéder, les **Mardi 9, Mercredi 10 et Jeudi 11 Mars 1897**, à deux heures précises de relevée, dans mes Magasins, **rue des Archives, 66**, par le ministère de Me **Frédéric LECOCQ**, Commissaire-Priseur à Paris, rue Richer, 41, à la **Vente** aux enchères publiques avec **Exposition les Dimanche 7 et Lundi 8 Mars 1897**, de dix heures du matin à quatre heures du soir, des **Modèles** m'appartenant.

Je vous offre un crédit **illimité** pour les acquisitions que vous pourrez faire à cette vente.

LES AVANTAGES DE CE CRÉDIT SONT LES SUIVANTS :

1° Pour le paiement **au comptant**, un escompte ;

2° Pour le paiement à **terme** et au moyen de billets à ordre, **un délai**.

MONTANT DES ACQUISITIONS

De	500 francs à 2,000 francs	— 2 mois ou 2 % d'**Escompte**.
De 2,001	à 5,000	3 — ou 3 % —
Au-dessus de	5,001	6 — ou 4 % —

Veuillez agréer, M   , mes salutations empressées.

AVIS IMPORTANT

Le règlement devra être fait au plus tard dans la huitaine et remis le matin de 9 heures à midi, chez Me **F. LECOCQ**, Commissaire-Priseur, rue Richer, 41, en justifiant de cette lettre ; passé ce délai, elle sera considérée comme **non avenue**. Les frais de cinq pour cent sur le montant des adjudications seront payés en **Espèces**.

9 782329 600796